AF294902

SPOTIFY

El meteórico ascenso del líder
de la música en *streaming*

Por Charlotte Bouillot
En colaboración con Anne-Christine Cadiat
Traducido por Laura Bernal Martín

Economía y empresa · 50MINUTOS.es

50MINUTOS.es

LAS CLAVES PARA EL ÉXITO

Adam Smith

El principio de Pareto

El estrés laboral

La pirámide de Maslow

www.50minutos.es

SPOTIFY: MÚSICA PARA TODOS

Spotify, percibido como una verdadera revolución, sacude y crea controversia en la industria musical. Mientras que antes era necesario comprar un archivo de música para escucharlo, la tecnología de la música en continuo o *streaming* permite ahora leer el flujo de audio mientras se reproduce. Por lo tanto, ya no es necesario descargar el archivo y pagar los costes asociados, como sucede actualmente en iTunes, el *software* de reproducción de Apple.

Aunque el *streaming* de música ya ha conquistado a millones de suscriptores en Europa y en todo el mundo desde 2008, la revolución nace en el mercado estadounidense. El volumen de títulos escuchados en línea se duplica entre 2013 y 2014 en los Estados Unidos, mientras que en el mismo periodo, las descargas de pago caen en un 13 %. Spotify sigue estando por delante de sus competidores en la actualidad, incluyendo Google, Apple y Amazon, ya que actualmente es el único agente histórico de la industria que ha conseguido implantarse con éxito al otro lado del Atlántico.

El único pero nada desdeñable aspecto negativo de este sistema es la cólera que despierta en los artistas, enfadados en vista de las —pocas— ganancias que obtienen. Según un informe publicado en diciembre de 2013 por ADAMI, la empresa francesa de gestión de los derechos de los artistas intérpretes o ejecutantes, las obras creadas generan a través del *streaming* unas ganancias 22 veces mayores que las que llegan al bolsillo de artista.

En un momento en el que la industria discográfica está librando una guerra contra la música en continuo y en la que los competidores son cada vez más numerosos y feroces, ¿cómo ven el futuro del consumo musical los creadores de este servicio, al que cada vez se suscriben más y más usuarios?

Datos principales

- **¿Creadores?** Los suecos Daniel Ek (informático, nacido en 1983) y Martin Lorentzon (ingeniero industrial con un Máster en Administración y Dirección de Empresas, nacido en 1969).
- **¿Fecha de creación?** Spotify se funda en 2006 en Suecia y cuenta con acceso público desde el 7 de octubre de 2008 (en Suecia, Gran Bretaña, Francia, España, Finlandia y Noruega).
- **¿Sector de actividad?** El entretenimiento, la música y el vídeo.
- **¿Zona de comercialización?** En 2011 aterrizó en los Estados Unidos y en 2013 lo hizo en Latinoamérica y en algunos países de Asia. En 2017, la empresa está presente en 60 países de todo el mundo.
- **¿Número de usuarios?** En octubre de 2017, la empresa cuenta con 140 millones de usuarios activos, de entre los cuales 60 millones (es decir, un 42 %) son suscriptores de pago.
- **¿Volumen de negocio anual?** Unos 3000 millones de dólares (en comparación con

los 2800 millones de 2015). Las suscripciones suponen el 90 % de sus ingresos, mientras que el otro 10 % se consigue mediante la publicidad.

- **¿Palabras clave?**
  - *Freemium*: se trata de una palabra que aúna los términos «free» y «premium». Se cree que el inversor y bloguero estadounidense Fred Wilson la emplea por primera vez en 2006. Permite diseñar una oferta comercial en parte gratuita y de libre acceso, y en parte de pago con servicios más desarrollados. A menudo, la oferta gratuita se financia a partir de la publicidad y permite atraer usuarios para después incitarlos a suscribirse a la oferta de pago.
  - *Premium*: la oferta *premium* es una versión mejorada y más desarrollada que la oferta de base (*freemium*), y por ello es, a menudo, más cara. En Spotify, este tipo de fórmula prevé un acceso ilimitado al repertorio musical, con mejor calidad de sonido (incluyendo la reproducción sin conexión a internet) y sin publicidad.

- <u>Derechos de autor</u>: también se conocen como regalías o cánones. Se trata de un impuesto que debe pagarse al creador a cambio de los derechos de explotación de una obra, de una patente o de una marca. Responden al derecho patrimonial que reconoce a un autor el monopolio de explotación de su obra antes de que esta pase a dominio público.

INICIOS

EL HOMBRE HECHO A SÍ MISMO Y EL MÁNAGER VISIONARIO

Daniel Ek es un programador sueco nacido en 1983 en Estocolmo. A los 14 años ya es gerente de negocios: codifica y aloja páginas web profesionales desde su habitación. En 2005, deja sus estudios de Ingeniería en el Instituto Real de Tecnología de Suecia y comienza su carrera en *marketing* online fundando Advertigo. Ya a los 16 años comienza a preguntarse cómo lograr que el público pague por contenido musical que puede descargarse gratuitamente (aunque de manera ilegal).

Martin Lorentzon nace en 1969. Tras completar su Máster en Administración y Dirección de Empresas en Gotemburgo, el empresario sueco comienza su carrera en consejos de administración de grandes empresas (Telia, Cell Ventures), antes de fundar Tradedoubler en 1999, que se convierte en el mayor órgano de administración de afiliación. El principio de afiliación puede parecer obvio hoy en día: un editor anuncia el producto/servicio de un anunciante en su página web a cambio de una tarifa. Pero Lorentzon era un visionario en su época, porque el método acababa de ser lanzado en los Estados Unidos por Amazon, y Google todavía no ofrecía publicidad dirigida.

En 2006, Daniel Ek revende Advertigo a Tradedoubler y une sus fuerzas a Martin Lorentzon para crear juntos la mayor máquina de discos en línea: Spotify.

LA REVOLUCIÓN DIGITAL

El 11 de noviembre de 2014, Daniel Ek recuerda en el blog de Spotify el origen del proyecto.

> «Creamos Spotify porque amamos la música y la piratería la estaba matando»[1] (Ek 2014).

Desde la llegada de Napster —un servicio de intercambio de archivos de música *peer-to-peer* (P2P) para el público en general, lo que significa que

---

1. Cita traducida por 50Minutos.es

cada usuario también actúa como un servidor, de modo que los datos pueden ser transferidos directamente de un ordenador a otro sin pasar por un servidor central— en 1999, las ventas de álbumes y sencillos caen bruscamente y en el futuro no se atisba una mejoría: según el IFPI, el organismo encargado de respetar los derechos de autor en la industria de la música, entre 1999 y 2003 se pierde un 23 % en volumen de ventas y un 16 % en valor de ventas.

El software *peer-to-peer*

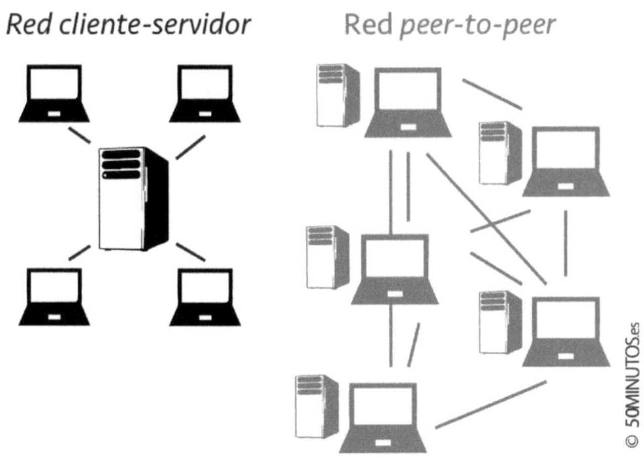

Este tipo de funcionamiento será adoptado por

muchas plataformas comerciales, incluyendo Spotify.

LAS RECOMPENSAS MUSICALES

Los umbrales de certificación de ventas para la obtención de discos de plata, oro, platino y diamante se han reducido regularmente desde su creación debido a las dificultades del mercado. En Francia, por ejemplo, donde los premios son certificados por el Sindicato Nacional de Edición Fonográfica (SNEP, por sus siglas en francés), había que vender 400 000 álbumes en 1980 para obtener un disco de platino, 300 000 en 1988 y 200 000 en 2006, comparado con los 100 000 necesarios para lograrlo en 2009.

MÚSICA PARA TODOS

Del mismo modo que la aparición de la radio sacude la industria discográfica en los años treinta, los recientes avances de la tecnología digital han dado lugar a nuevos hábitos de consumo.

Una oferta pletórica

Cualquier usuario de Internet puede acceder a una gama casi infinita de música (más de 30 millones de canciones están disponibles en Spotify en octubre de 2017) sin tener que gastar ni un céntimo. Esto significa que pueden moverse entre géneros, artistas y álbumes a su antojo, mientras descubren nuevos talentos. Aunque estos usuarios compran probablemente menos discos o archivos descargables, consumen mucha más música.

HÁBITOS MUSICALES SIN PRECEDENTES

En febrero de 2001, cuando Napster está en su apogeo, se descargan 2790 millones de canciones a través de la página web. Mientras tanto, el equivalente a un millón de años de música se escucha vía Spotify en solo los primeros cinco años de existencia de la página.

Estos dos gigantes comparten un objetivo común: ofrecer el abanico de música más completo y de mayor calidad posible para satisfacer el insaciable apetito musical de sus usuarios.

La música está en todas partes

La música ocupa un lugar cada vez más importante en nuestra vida cotidiana. Desde el año 2000 y con la adopción de la compresión de archivos de audio en formato MP3, la música se digitaliza y pasa a poder reproducirse en todo tipo de dispositivos en línea y fuera de línea, en cualquier lugar y en cualquier momento. La música se convierte en algo indispensable: proporciona a los individuos una forma de encontrar su identidad y una pertenencia social. Aunque la digitalización puede haber reducido significativamente el precio que los consumidores están dispuestos a pagar por las canciones, el valor que los oyentes le dan a su música nunca ha sido tan grande.

Una experiencia para compartir

Gracias a la digitalización, los consumidores ya no se interesan solo por el producto final, sino también por la experiencia que conlleva: descubrir una canción, escucharla, compartirla en las redes sociales, contactar con otros fans o conocer al artista y a sus seguidores en conciertos y festivales —a los que cada vez acude más gente—.

Spotify, que ofrece conciertos en directo, acceso a listas de reproducción, entrevistas con celebridades y álbumes inéditos, además de celebrar rifas de entradas para conciertos, hace de la música una experiencia más social que nunca, lo que sin duda contribuye a su gran éxito.

Asimismo, la plataforma está muy conectada a las redes sociales y proporciona a los desarrolladores las herramientas necesarias para integrar su catálogo y funciones en nuevas aplicaciones, en nuevas páginas web e incluso en programas nuevos. Un ejemplo es la aplicación Roadtrip Mixtape, que utiliza Spotify para crear listas de reproducción con artistas locales basándose en el itinerario que planees seguir.

En resumen, Spotify:

- nos envía un mensaje contundente que afirma que no hay necesidad de reinventar la rueda, porque Spotify lo ha hecho por ti;
- tiene un ambicioso objetivo, ya que desea situarse en el eje de los nuevos desarrollos y aumentar constantemente su base de usuarios.

«Nuestra razón de ser es ayudar a los fans a

encontrar música y ayudar a los artistas a conectar con ellos a través de una plataforma que los proteja de la piratería y que les pague por su magnífico trabajo»[2] (Ek 2014).

2. Cita traducida por 50Minutos.es

EVOLUCIÓN DE SPOTIFY

¿CÓMO SE FINANCIA SPOTIFY?

Los primeros inversores

El proyecto nace cuando un par de emprendedores deciden trabajar juntos uniendo sus dos pasiones: la música y la tecnología. Su sueño es crear el reproductor de música en línea más grande del mundo combinando el modelo de *software peer-to-peer* con un modelo de negocio financiado por la publicidad. El primer prototipo se inspiraba en la interfaz de iTunes, con un elegante fondo negro que recuerda a un televisor de pantalla plana.

Ek y Lorentzon financian inicialmente el proyecto con sus propios recursos: el primero es un joven experto en informática que se hace millonario a los 23 años gracias al programa desarrollado para Tradedoubler, mientras que el segundo gana 70 millones de dólares al sacar Tradedoubler a la bolsa en 2005.

Aunque Ek cree que podrán obtener las licencias de música necesarias en unos pocos meses, en realidad el proceso les lleva dos años. La industria de la música se muestra extremadamente reacia a experimentar con este nuevo modelo, cuyo éxito no está demostrado en esa época, y los sellos discográficos exigen enormes pagos anticipados para usar sus catálogos. A pesar de las enormes inversiones realizadas para poner en marcha el negocio, los dos empresarios pronto tienen que inyectar casi 5 millones de dólares más.

Sin embargo, el proyecto no tarda mucho en interesar a los inversores, entre los que se encuentran algunos grandes nombres de las redes sociales: Sean Parker, cofundador de Napster y expresidente de Facebook, y su sociedad de inversión Founders Fund; Li Ka-Shing, un empresario de Hong Kong que había invertido 60 millones de dólares en Facebook en 2007; y la sociedad de inversión rusa Digital Sky Technologies, que ya había financiado Facebook, Groupon, Twitter y Airbnb.

El modelo de negocio del *freemium*

Spotify es un *software* acoplado a una página web que permite escuchar música en directo a través del *peer-to-peer*. En la práctica, los usuarios tienen acceso a dos servicios:

- el primero es limitado y gratuito (financiado por publicidad);
- el segundo es ilimitado y de pago: es la oferta *premium*.

El modelo *freemium*, ampliamente utilizado en el mundo de los videojuegos y de las redes sociales, es el elegido por los creadores de Spotify para lanzar su actividad.

Según Daniel Ek, gracias a esta oferta a dos velocidades Spotify logra convertir en usuarios a los adeptos a las descargas ilegales y gratuitas.

Freemium

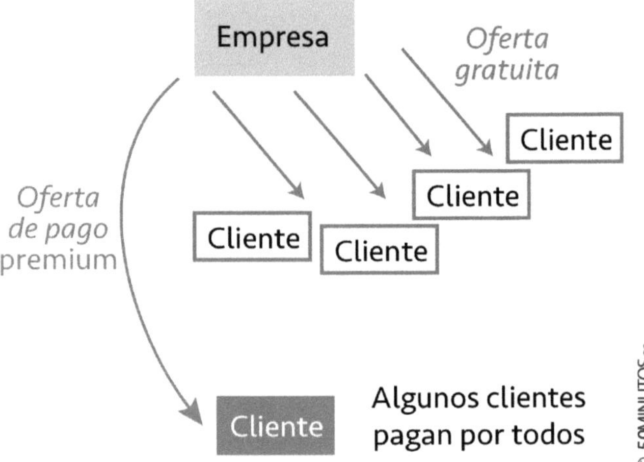

<u>UN ÉXITO FULGURANTE</u>

Spotify se lanza el 7 de octubre de 2008 y en Europa consigue 7 millones de suscriptores en menos de dos años, de los cuales 250 000 son suscriptores de pago. El millón de suscriptores se alcanza en marzo de 2011, confirmando el éxito del servicio. Ese mismo año, Spotify continúa liderando la industria al cerrar un acuerdo con Warner Music: es el comienzo de la revolución del *streaming* musical en los Estados Unidos.

La mejor plataforma del mundo

Los objetivos de Daniel Ek son ambiciosos: «Nos centramos en crear la mejor experiencia de usuario, y eso empieza por construir la mejor plataforma del mundo»[1] (Ek en Vacher 2014). Para ello, la empresa desarrolla constantemente sus servicios y casi todos los meses integra nuevas funcionalidades.

- **Octubre de 2013**: Spotify Connect mejora la escucha de música en casa a través de altavoces inalámbricos, directamente controlados mediante la aplicación móvil.
- **Diciembre de 2013**: la aplicación Spotify TV está disponible en los televisores inteligentes LG de más de 30 países, y la aplicación móvil Spotify puede instalarse gratuitamente en todos los dispositivos móviles iOS o Android.
- **Marzo de 2014**: con la adquisición de The Echo Nest, una plataforma musical estadounidense inteligente que analiza el comportamiento de los oyentes y les ofrece otras canciones, Spotify espera convertirse en el buscador musical de referencia.

---

1. Cita traducida por 50Minutos.es

- **Mayo de 2014**: djay, la aplicación de mezclas más vendida del mundo, está ahora conectada al catálogo de Spotify, proporcionando a los suscriptores *premium* 20 millones de pistas para mezclar y propuestas de canciones para una mezcla perfecta.
- **Noviembre de 2014**: se establece una asociación con Uber, empresa estadounidense que desarrolla aplicaciones móviles para conectar usuarios y conductores autónomos y cuya oferta sustituye a los taxis. Gracias a su asociación, cuando una persona elige viajar con Uber, puede elegir la lista de reproducción que sonará durante el viaje.
- **Diciembre de 2014**: Spotify descifra para sus usuarios los álbumes, canciones, artistas y tendencias más populares del año anterior en todo mundo, y les propone una recopilación musical personal (estilo más escuchado, artista favorito por temporada, momentos de escucha privilegiados, etc.).
- **Febrero de 2015**: Musixmatch, el catálogo de letras de canciones más grande del mundo, se integra en la aplicación Spotify para que los usuarios puedan cantar mientras escuchan sus canciones favoritas.

- **Marzo de 2015**: Spotify se asocia con Sony Computer Entertainment para crear Playstation Music, lo que permite a los jugadores componer sus propias bandas sonoras de videojuegos, acceder a listas de reproducción especialmente diseñadas para ellos o escuchar sus álbumes favoritos directamente en su gran pantalla.

- **Mayo de 2015**: Spotify planea entrar en el mercado del *streaming* de vídeo, un mercado más rentable que el de la música. Según el *Wall Street Journal*, el gigante sueco quiere negociar con varios proveedores de contenidos para ofrecer series y conciertos inéditos.

- **Julio de 2015**: Spotify lanza Discover Weekly, una lista de reproducción que se genera cada semana y proporciona a los usuarios dos horas de recomendaciones musicales personalizadas, mezclando sus gustos personales con canciones disfrutadas por oyentes similares.

- **Enero de 2016**: Spotify se asocia con Genius, un servicio de anotación musical, para que la información de este último pueda mostrarse como fichas informativas que aparecen mientras las canciones se reproducen en Spotify.

- **Agosto de 2016**: Spotify lanza Release Radar,

una lista de reproducción personalizada que alerta a los usuarios sobre la nueva música que lanzan los artistas que escuchan con más frecuencia.

• **Septiembre de 2016**: Spotify incorpora Daily Mix, una serie de listas de reproducción «casi interminable» (Hipertextual 2016) que mezcla las canciones favoritas del usuario con nuevas canciones recomendadas. Los nuevos usuarios pueden acceder a Daily Mix cuando llevan unas dos semanas escuchando música a través de Spotify.

• **Mayo de 2017**: Spotify introduce Spotify Codes para sus aplicaciones móviles, una función que permite a los usuarios compartir artistas, canciones, listas de reproducción o álbumes específicos con otras personas. Los usuarios pueden ahora generar códigos de barras que son únicos para cada pieza de contenido, mientras que una actualización de la aplicación Spotify permite a los usuarios acceder a la cámara de su dispositivo a través de la propia aplicación, que puede escanear los códigos generados por otros oyentes y llevar al usuario a ese contenido exacto.

DERECHOS DE AUTOR

Una oferta musical gratuita y legal

Mediante la legalización de la oferta de música gratuita, Spotify crea en los usuarios la necesidad de consumir música en grandes cantidades, en todas partes y constantemente. Esta sed de música es, para la mayoría de los oyentes, simplemente imposible de satisfacer con el precio de compra actual de los archivos de música. Una vez se instaura este hábito, los amantes de la música se alejan de los medios de pago. Por eso Warner Music se niega categóricamente a integrar su catálogo hasta 2011, preocupado por las consecuencias a largo plazo de esta oferta para la industria discográfica.

Para llegar a un acuerdo con las cuatro grandes discográficas (Sony Music, EMI, Universal Music y Warner Music) y lanzar su oferta en los Estados Unidos son necesarios dos años de conversaciones con los ambiciosos empresarios suecos. Al final, estos últimos tienen que hacer importantes concesiones en las condiciones de la oferta gratuita de Spotify. A partir de ese momento, sin una suscripción de pago, el usuario solo puede escuchar música durante diez horas al mes, y cada canción solo se puede reproducir cinco veces. Pascal Nègre, director de Universal Music France, habla muy claramente sobre este tema a principios de 2011:

> «Cuando ves que la gente escucha la misma canción 35 veces, te dices a ti mismo: "este tío tiene que comprar la canción" [...]. Escuchar una canción cuatro veces es suficiente para saber si quieres comprarla o no»[2] (Univox 2011).

Estas restricciones a la oferta gratuita de Spotify se levantan finalmente un año después, en 2012, en la mayoría de los países europeos y, en junio de 2013 en Francia. Al igual que Daniel Ek, Axel Dauchez, director general de Deezer, está convencido de que la oferta gratuita es la clave para «convertir [a los usuarios] al sistema de pago»[3] (Dauchez 2011), por lo que se niega a las limitaciones de la escucha, una idea que considera «contraproducente»[4] (*ib.*).

---

2. Cita traducida por 50Minutos.es
3. Cita traducida por 50Minutos.es
4. Cita traducida por 50Minutos.es

¿SABÍAS QUE...?

Aunque la oferta gratuita es un escaparate ineludible para los artistas, ya que les permite llegar a los oyentes de todo el mundo, Spotify revela en 2013 que 4 millones de canciones —es decir, el 20 % de su repertorio— nunca se han escuchado. Incluso para los artistas de renombre, el argumento de «descubrimiento» solo funciona de forma limitada, ya que los oyentes prefieren a menudo escuchar una canción de éxito en bucle en lugar de interesarse por la discografía completa de los artistas. Algunas bandas experimentan un índice de pérdida del 80 % de los oyentes entre el primer y el último tema de su disco (Perelstein 2013).

Valor compartido

A finales de 2014, la estrella estadounidense Taylor Swift saca su quinto álbum *1989* y se niega a que esté disponible en Spotify, relanzando el debate sobre la remuneración de los artistas. Poco después de haber sido elegida «mujer más influyente del mundo» y «mujer mejor pagada de la industria musical» por la revista *Fortune*,

Swift decide simplemente retirar todas sus canciones de Spotify a finales de 2014, afirmando que la plataforma no recompensaba lo suficiente a los artistas. Otros piensan parecido, como las estrellas del rock británicas Thom Yorke (de Radiohead) y Nigel Godrich (de Atoms for Peace).

Frente a estos ataques, Daniel Ek mantiene su posición inicial: el *streaming* es una alternativa poco costosa a la piratería, y el número de suscriptores de pago, en constante evolución, permite a Spotify pagar más derechos de autor que algunas emisoras de radio y que la mayoría de sus competidores. Por ejemplo, se habrían pagado más de dos mil millones de dólares a la industria discográfica desde la creación del *software*, es decir, el 70 % de los ingresos generados por la empresa sueca. Una forma bastante simplista de cerrar el debate y que plantea otras preguntas, como... ¿cuánto dinero aporta el *streaming* y quién se beneficia de las regalías?

Los derechos de autor en Francia

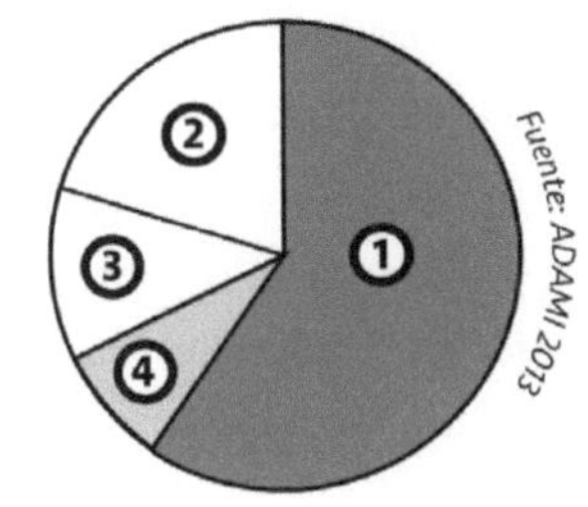

① **6,54 €**
*para los intermediarios: 70 % para
los productores y 30 % para
las plataformas de streaming*

② **1,99 €**
para el Estado (IVA)

③ **1 €**
para los derechos de autor

④ **0,46 €**
*para los artistas (que hay que repartir
entre todos aquellos que se han escuchado
durante un mes)*

© 50MINUTOS.es

En diciembre de 2013, ADAMI, la empresa francesa de gestión de los derechos de los artistas intérpretes o ejecutantes, publica un informe titulado «Musique en ligne et partage de la valeur» («Música en línea y valor compartido»), que pone de relieve la distribución desigual de los ingresos de la música en continuo: de los 9,99 euros mensuales pagados por los abonados *premium* a Spotify, 6,54 euros se destinan a los intermediarios (4,58 euros a los productores y 1,96 euros a Spotify), 1,99 euros al Estado (IVA), 1 euro a los autores (compositores de las canciones) y 0,46 euros a los artistas intérpretes o ejecutantes (la canción que se escucha no está necesariamente escrita y cantada por la misma persona).

Según las cifras de 2013 (4700 millones de horas de escucha por parte de 30 millones de abonados y no abonados), un oyente consumiría unas 260 canciones de una duración de 3 minutos en Spotify al mes. No es necesario dividir la cantidad recibida por los artistas (1,46 euros) en 260 partes para entender cómo el modelo debilita a los creadores. Si la descarga de pago ya hace que caiga la remuneración de los artistas intérpretes o ejecutantes en las ventas de álbumes (0,43 euros por álbum vendido en línea, en lugar de 0,75 euros por la venta de un disco), con el *streaming* presenciamos un verdadero hundimiento. Sin embargo, sin autores, compositores e intérpretes, Spotify no existiría. Hace unos años, 130 organizaciones que representaban a más de 500 000 artistas europeos unieron sus fuerzas dentro del movimiento Fair Internet For Performers para hacer campaña a favor de una remuneración justa para los artistas en internet.

Porcentaje que se llevan los artistas intérpretes o ejecutantes en las ventas de discos

	Soporte físico	Descarga digital
Entre 1 y 50 000 álbumes vendidos	6,40 %	5,10 %
Entre 50 000 y 200 000 álbumes vendidos	8,10 %	6,40 %
Más de 200 000 álbumes vendidos	9,70 %	7,70 %

© 50MINUTOS.es

Porcentaje medio de artistas intérpretes o ejecutantes en ventas-escuchas de sencillos en línea

Venta de un MP3 en iTunes France (1,29 €)	Escucha en streaming gratuita	Escucha en streaming a través de una suscripción de pago
0,04 €	0,0001 €	0,004 €

© 50MINUTOS.es

REPERCUSIONES

VIABILIDAD DEL MODELO DE NEGOCIO

A fecha de octubre de 2017, Spotify cuenta con más de 60 millones de suscriptores en 61 países de todo el mundo, una fuerte presencia en el mercado estadounidense y un enfoque fuertemente orientado a los medios sociales, haciendo que la plataforma sea prácticamente omnipresente en la red. Sin embargo, el panorama que ofrecen las cifras es más sombrío.

Aunque la compañía gana más de 3300 millones de dólares en facturación en 2017, esto solo representa un aumento anual del 52 %, comparado con un incremento del 80 % en 2015 y un aumento del 128 % en 2012. Lo peor de todo es que su pérdida neta crece hasta la dolorosa cifra de 597 millones de dólares. Esto plantea la cuestión de si este modelo económico resultará o no rentable a largo plazo. Del mismo modo, el principal competidor de la empresa, Deezer, disfruta en 2011 de un breve período de rentabilidad antes de volver a situarse en números rojos. Dado que Spotify siempre ha pagado el 70 % de todos sus beneficios a los titulares de derechos de autor (artistas e intermediarios) en concepto de regalías, la empresa luchará sin duda alguna por aumentar sus márgenes, incluso con mayores ingresos. Según los analistas, el valor estimado de la compañía, 13 mil millones en mayo de 2017 (Reuters 2017), podría disuadir a empresas más grandes de adquirirlo.

2014: EL MERCADO SE FRAGMENTA

El mundo de la música en continuo se ha limitado durante mucho tiempo al gigante Spotify y a la empresa emergente francesa Deezer. Pero esto era cierto antes de 2014, antes de que la revolución se extendiera al otro lado del Atlántico, antes de que las descargas legales empezaran a desmoronarse, y antes de que una multitud de empresas se embarcaran en la frenética carrera por el monopolio de la música a petición.

Porcentaje que se llevan los artistas intérpretes o ejecutantes en las ventas de discos

	Soporte físico	Descarga digital
Entre 1 y 50 000 álbumes vendidos	6,40 %	5,10 %
Entre 50 000 y 200 000 álbumes vendidos	8,10 %	6,40 %
Más de 200 000 álbumes vendidos	9,70 %	7,70 %

© 50MINUTOS.es

Grandes competidores que ganan terreno

El imperio de Apple se construye originalmente a partir de la descarga de música (iPod, iTunes, etc.), un mercado que estaba cayendo en picado. Sin embargo, la compañía regresa por la puerta grande con la compra por 3000 millones de euros de Beats by Dr. Dre, una empresa que vende auriculares y ofrece servicios de *streaming*. En la actualidad, los auriculares Beats se venden bajo la marca Apple, y el servicio de *streaming* Beats Music se integra en un servicio rebautizado llamado Apple Music en 2015. La estrategia de *marketing* se basa en sugerir automáticamente su propio servicio de *streaming* en tabletas y teléfonos inteligentes de Apple para que los usuarios puedan acceder a él en cualquier momento, lo que significa que aquellos que ya se han registrado en otra plataforma de *streaming* pueden caer en la tentación de abandonar el barco.

Mientras tanto, el gigante de las compras en línea Amazon lanza en 2014 su propio servicio de *streaming*, aunque difiere significativamente de otros servicios de este tipo ya que no se centra únicamente en la música. Al contrario, Amazon Prime —el servicio *premium* para compradores preexistente con el que cuenta la empresa— agrega múltiples nuevas funciones para suscriptores en los Estados Unidos, el Reino Unido y Alemania, incluyendo el servicio de transmisión de música Prime Music, un servicio de transmisión de vídeo conocido como Prime Video, un servicio de préstamo de libros electrónicos llamado Kindle Owners' Lending Library, y un servicio de transmisión de libros electrónicos bajo el nombre de Kindle Unlimited (que se proporciona por separado pagando una cuota mensual adicional). Si bien los servicios de transmisión de vídeo y música están disponibles para todos los usuarios de Amazon sobre una base de pago por visualización (como Amazon Video y Amazon Music), el servicio Prime ofrece a los suscriptores acceso a una selección limitada de su catálogo de música y vídeos sin coste adicional, además de otras características Prime. En 2016, Amazon también agrega el servicio de suscripción adicional Amazon Music Unlimited, que ofrece a los usuarios acceso a todo el catálogo de música de la página web a través de una suscripción separada. Es evidente que el objetivo no es revolucionar el mercado, sino atraer a aún más usuarios al entorno Amazon para aumentar las ventas.

Google, que compra YouTube en 2006 por 1650 millones de dólares, despliega imponentes medios para imponerse en el mercado del *streaming*. En febrero de 2017 se suben más de 400 horas de contenido por minuto a YouTube, y desde la página se visualizan mil millones de horas de contenidos al día. Además, 9 de los 10 vídeos más vistos en la página son videoclips, lo que demuestra que YouTube es un proveedor clave de música en línea. En 2014, Google lanza YouTube Music Key, el servicio de música en continuo que también ofrece vídeo. Más adelante se rebautiza como YouTube Red, un servicio de suscripción que ofrece a los usuarios *streaming* de vídeos de YouTube sin publicidad, además de reproducción de vídeos fuera de línea y en segundo plano en dispositivos móviles. Sin embargo, a fecha de octubre de 2017, este servicio solo está disponible en los Estados Unidos, Australia, Nueva Zelanda, México y Corea del Sur.

Tidal, el forastero

«Nuestro objetivo es muy simple: crear un servicio y una experiencia mejor tanto para los fans como para los artistas»[1] (Grow 2015), explica Alicia Keys a la audiencia en el lanzamiento de Tidal el día 30 de marzo de 2015. La plataforma que Jay-Z compra a la empresa sueca Aspiro a principios de ese mismo año por 56 millones de euros ya ofrece 48 500 millones de canciones y 175 000 videoclips. El objetivo del proyecto

---

1. Cita traducida por 50Minutos.es

es acabar con la escucha de música gratuita, y cuenta entre sus miembros fundadores con muchas estrellas: Daft Punk, Madonna, Rihanna, Coldplay, Kanye West, Jack White, Taylor Swift, etc. Los suscriptores, por su parte, pueden elegir entre varias ofertas, como por ejemplo:

- la oferta Tidal Premium por 9,99 dólares, que ofrece *streaming* ilimitado y sin publicidad con calidad de sonido estándar, así como vídeos en HD;
- el servicio Tidal HiFi por 19,99 dólares, que ofrece *streaming* ilimitado y sin publicidad con sonido de alta fidelidad que no pierde información sonora.

También cuenta con una oferta para familias, para estudiantes o incluso para militares.

Tidal, propiedad de los artistas, pretende darle a estos últimos el control sobre su propia música y una parte justa de los derechos de autor. Sin embargo, en enero de 2017 la empresa se ve sacudida por la polémica cuando el periódico noruego *Dagens Næringsliv* informa de que han inflado artificialmente su número de usuarios. Según el artículo, Tidal afirmaba contar con 3 millones de suscriptores en marzo de 2016 (una cifra que ya se sitúa muy por debajo del resto de sus competidores), cuando lo cierto era que contaban con solo 850 000.

Qobuz: la opción nicho

Qobuz, una pequeña empresa francesa fundada en la misma época que Deezer, ofrece un catálogo de alta definición para melómanos exigentes: además de Tidal, es el único servicio de *streaming* que ofrece sus 30 millones de canciones en calidad CD. También proporciona a los usuarios una webzine con entrevistas, perfiles, comparaciones de escucha y actualidades musicales.

¿Qué nos depara el futuro?

Aunque Spotify todavía no está obteniendo beneficios y cuenta con unas pérdidas netas de 597 millones de dólares en 2016, sigue atrayendo inversores, incluido el banco de inversión Goldman Sachs. Recientemente ha recaudado mil millones en financiamiento por deuda más un descuento del 20 % sobre las acciones para una eventual salida a bolsa prevista para 2018. Según los analistas, el *streaming* es visto como el futuro de la industria musical, por lo que parece una conclusión predecible que, como líder del mercado, Spotify tenga por delante un brillante futuro, sobre todo teniendo en cuenta que sus ingresos siguen aumentando constantemente.

Además, en 2015, Spotify comienza a integrar contenidos más diversificados, como radio, *podcasts*, videoclips y una selección de contenidos de programas de televisión producidos por socios como BBC, Vice y MTV. Esto es un reflejo del objetivo a largo plazo de Spotify: ser capaz de ofrecer a los usuarios una experiencia aún más personalizada, imitando a los otros gigantes del sector y diversificando el contenido del sitio, atrayendo así a más usuarios a su página web y aumentando aún más su base de suscriptores y su presencia en el sector. Suponiendo que la página web sea capaz de mantener este rumbo, puede incluso aumentar los derechos de autor que le paga a los artistas y, por lo tanto, mejorar su relación con la industria discográfica.

EN RESUMEN

Porcentaje medio de artistas intérpretes o ejecutantes en ventas-escuchas de sencillos en línea

Venta de un MP3 en iTunes France (1,29 €)	Escucha en streaming gratuita	Escucha en streaming a través de una suscripción de pago
0,04 €	0,0001 €	0,004 €

© 50MINUTOS.es

- Desde 1999 se ha venido produciendo un cambio en los hábitos de consumo de la música, que se ha digitalizado. La llegada de las descargas en línea (y de la piratería) demuestra que los oyentes nunca antes han consumido tanta música, aunque ya no la compran.
- El *streaming* marca una segunda e importante fase en esta revolución digital, ya que permite reproducir archivos en tiempo real sin tener

que comprar canciones una por una.

- Spotify se abre al público en 2008 y se convierte enseguida en el líder de la industria. En 2016, su facturación alcanza los 3300 millones de dólares. En 2017, la compañía cuenta con 140 millones de usuarios activos, de los cuales el 42 % son suscriptores de pago.
- Los emprendedores suecos tienen como objetivo atraer a los oyentes que normalmente recurren a la piratería en línea mediante el uso de un modelo *freemium*, a la vez que crean una adicción al consumo de música ininterrumpido, ya sea de forma gratuita o mediante una suscripción pagada.
- A pesar del aumento de los ingresos constante, las pérdidas netas de Spotify siguen aumentando (en 2016 ascienden al 133 %). La empresa nunca ha sido rentable.
- En un momento en el que las tasas de descarga de música se desploman, el mercado del *streaming* se ha fragmentado y nuevos actores han irrumpido en escena ahora que los gigantes del sector digital (Google, Apple, Amazon, etc.) se interesan por el mercado del *streaming* y sacan su artillería pesada para atraer a los oyentes a sus propias plataformas.

- Los artistas también están tomando posiciones: su remuneración ya había disminuido considerablemente con las descargas pagadas, y las regalías que reciben en comparación con el volumen de música escuchada a través de los servicios en *streaming* son aún más bajas. El *streaming* genera 22 veces más ingresos que las regalías que reciben los artistas.
- La música en continuo debilita hoy en día a la industria discográfica y a sus creadores, compositores e intérpretes. Con todo, Spotify no existiría sin ellos. Aunque parece que la empresa sueca y sus competidores tienen plena confianza en sus modelos económicos, lo cierto es que el sector todavía tendría que sufrir importantes transformaciones para alcanzar un nuevo equilibrio.

¡Tu opinión nos interesa!
¡Deja un comentario en la página web de tu
librería en línea,
y comparte tus favoritos en las redes sociales!

PARA IR MÁS ALLÁ

FUENTES BIBLIOGRÁFICAS

- Alexander, Steve. 2013. "Daniel Ek". *Encyclopædia Britannica*. 2 de julio. Consultado el 31 de octubre de 2017. http://www.britannica.com/EBchecked/topic/1883044/Daniel-Ek

- Arnaud, Cécile. 2000. *L'Affaire Napster*. Consultado el 31 de octubre de 2017. http://barthes.ens.fr/scpo/Presentations00-01/Arnaud_Napster/Napster.htm

- Brustein, Joshua. 2014. "Spotify hits 10 million paid users. Now can it make money?". *Bloomberg Business*. 22 de mayo. Consultado el 31 de octubre de 2017. https://www.bloomberg.com/news/articles/2014-05-21/why-spotify-and-the-streaming-music-industry-cant-make-money

- Challenges. 2014. "Spotify achète la plateforme musicale intelligente The Echo Nest". *Challenges*. 6 de marzo. Consultado el 31 de octubre de 2017. https://www.challenges.fr/high-tech/spotify-achete-la-plateforme-musicale-intelligente-the-echo-nest_145704

- Challenges. 2015. "Spotify a triplé ses pertes en 2014 et lorgne la vidéo en streaming". *Challenges*. 8 de mayo. Consultado el 31 de octubre de 2017.

http://www.challenges.fr/entreprise/20150508.
CHA5659/spotify-s-apprete-a-lancer-un-service-
de-video-en-streaming.html

- Dauchez, Axel. 2011. "Musique: Esquisse d'une industrie culturelle 'post-piratage'". *Le Monde.* 7 de marzo. Consultado el 31 de octubre de 2017. http://www.lemonde.fr/idees/article/2011/03/07/musique-esquisse-d-une-industrie-culture-lle-post-piratage_1488698_3232.html

- Ek, Daniel. 2014. "$2 Billion and Counting". *Spotify.* 11 de noviembre. Consultado el 31 de octubre de 2017. http://news.spotify.com/us/2014/11/11/2-billion-and-counting/

- Eveno, Anne. 2015. "Le streaming vidéo, nouveau terrain de jeu de Spotify". *Le Monde.* 20 de mayo. Consultado el 31 de octubre de 2017. http://www.lemonde.fr/economie/article/2015/05/08/le-streaming-video-nouveau-terrain-de-jeu-de-spotify_4629994_3234.html

- Goncalves, Julien. 2013. "Physique, télécharge-ment, streaming... Combien gagnent réellement les artistes?". *Charts in France.* 29 de enero. Consultado el 31 de octubre de 2017. http://www.chartsinfrance.net/actualite/news-84067.html#HoHj98J3JoxHCZTG.99

- Helm, Burt. 2012. "Inside Spotify's U.S. Invasion". *Inc.* 2 de julio. Consultado el 31 de octubre de 2017. http://www.inc.com/30under30/burt-helm/daniel-ek-founder-of-spotify.html

- L'Obs. 2015. "Spotify lance une nouvelle fonctionnalité proposant à ses utilisateurs de nouveaux contenus multimédia (podcasts, vidéos) en plus de la musique". *L'Obs*. 20 de mayo. Consultado el 31 de octubre de 2017. http://tempsreel.nouvelobs.com/en-direct/a-chaud/2354-streaming-spotify-lance-nouvelle-fonctionnalite.html

- Lausson, Julien. 2011. "Spotify signe un accord de licence avec Universal Music". *Numerama*. 14 de junio. Consultado el 31 de octubre de 2017. http://www.numerama.com/magazine/19053-spotify-signe-un-accord-de-licence-avec-universal-music.html

- Lenoir, Nikolas. 2009. "Nouvelle baisse des seuils de certification". *Pure Charts*. 21 de julio. Consultado el 31 de octubre de 2017. http://www.chartsinfrance.net/actualite/news-68259.html

- Lesniak, Isabelle. 2014. "Deezer, le 'frenchie' qui énerve Apple, Google et Spotify". *Les Échos*. 30 de mayo. Consultado el 31 de octubre de 2017. https://www.lesechos.fr/30/05/2014/lesechos.fr/0203402250275_deezer--le---frenchie---qui-enerve-apple--google-et-spotify.htm

- Œillet, Audrey. 2014. "Spotify contre Taylor Swift: La rémunération des artistes en question?". *Clubic*. 12 de noviembre de 2014. Consultado el 31 de octubre de 2017. http://www.clubic.com/mag/culture/actualite-738671-spotify-taylor-swift-remuneration-artistes-question.html

- Perelstein, Laszlo. 2013. "Spotify: 4 millions
  de chansons n'ont jamais été écoutées". *Slate*.
  Consultado el 31 de octubre de 2017. http://www.
  slate.fr/life/78902/spotify-ecoute-chansons

- Phéline, Christian. 2013. "Musique en ligne et
  partage de la valeur. État des lieux, voies de négo-
  ciation et rôles de la Loi". *Culture Communication*.
  19 de diciembre. Consultado el 31 de octubre
  de 2017. http://culturecommunication.gouv.fr/
  Politiques-ministerielles/Industries-culturelles/
  Actualites-Archives-2013/Remise-du-rapport-de-
  Christian-Pheline-Musique-en-ligne-et-partage-
  de-la-valeur-Etat-des-lieux-voies-de-negociation-
  et-roles-de-la-Loi

- Pontiroli, Thomas. 2014. "Spotify, n° 1 mondial du
  streaming musical, est toujours en perte". *Clubic*.
  26 de noviembre. Consultado el 31 de octubre de
  2017. http://pro.clubic.com/actualite-e-business/
  actualite-741399-spotify-resultats.html

- Poussielgue, Grégoire. 2014. "Musique: YouTube
  en guerre avec les labels indépendants". *Les
  Échos*. 26 de mayo. Consultado el 31 de octubre
  de 2017. https://www.lesechos.fr/26/05/2014/
  LesEchos/21695-108-ECH_musique---youtu-
  be-en-guerre-avec-les-labels-independants.htm

- Roussel, Brian. 2014. "Le streaming confirme
  sa percée sur le marché américain". *Les Échos*.
  4 de julio. Consultado el 31 de octubre de 2017.
  https://www.lesechos.fr/04/07/2014/lesechos.
  fr/0203619229816_le-streaming-confirme-sa-

percee-sur-le-marche-americain.htm

- Rozat, Pascal. 2011. "Deezer: la rentabilité au bout du chemin?". *InaGlobal*. 13 de abril. Consultado el 31 de octubre de 2017. http://www.inaglobal.fr/musique/article/deezer-la-rentabilite-au-bout-du-chemin

- Sisario, Ben. 2015. "Rdio Introduces a Cheaper Limited Subscription for Music Streaming". *The New York Times*. 14 de mayo. Consultado el 31 de octubre de 2017. http://www.nytimes.com/2015/05/15/business/media/rdio-introduces-a-cheaper-limited-subscription-for-music-streaming.html?_r=0

- Spotify, "Information", 2015. Consultado el 12 de mayo de 2015. https://press.spotify.com/nl/information/

- Van Dievort, Charles. 2015. "Avec TIDAL, Jay-Z part en guerre contre la musique gratuite". *La Libre Belgique*. 31 de marzo. Consultado el 31 de octubre de 2017. http://www.lalibre.be/culture/musique/avec-tidal-jay-z-part-en-guerre-contre-la-musique-gratuite-551a41c83570c8b952f4a83d

- Vion-Dury, Philippe. 2014. "Apple, Google, Deezer, Spotify... qui triomphera du streaming musical?". *L'Obs. Rue89*. 27 de julio. Consultado el 31 de octubre de 2017. http://rue89.nouvelobs.com/2014/07/27/apple-google-deezer-spotify-triomphera-streaming-musical-253941

- Woitier, Chloé. "YouTube dévoile son service musical payant, Music Key". *Le Figaro*. 13 de noviembre. Consultado el 31 de octubre de 2017. http://www. lefigaro.fr/secteur/high-tech/2014/11/13/32001-20141113ARTFIG00185-youtube-devoile-son-service-musical-payant-music-key.php

- Zanchi, Jean-Sébastien. 2015. "La musique haute définition, qu'est-ce que c'est exactement?". *MetroNews*. 19 de enero. Consultado el 31 de octubre de 2017. http://www.lci.fr/high-tech/la-musique-haute-definition-quest-ce-que-cest-exactement-1520498.html

FUENTES COMPLEMENTARIAS

- Grow, Kory. 2015. Music Megastars Team Up to Launch Streaming Service Tidal. *Rolling Stone*. 30 de marzo. Consultado el 31 de octubre de 2017. http://www.rollingstone.com/music/news/megastars-team-up-to-launch-streaming-service-tidal-20150330

- Guidiri, Mouna. *El modelo Freemium*. Traducido por Marta Sánchez Hidalgo. Bruselas: Plurilingua Publishing.

- Hipertextual. 2016. "Daily Mix es la nueva lista de música infinita de Spotify para descubrir música". *Hipertextual*. 27 de septiembre. Consultado el 31 de octubre de 2017. https://hipertextual.com/2016/09/daily-mix-spotify

- IFPI. Consultado el 31 de octubre de 2017. http://

www.ifpi.org/

- Qobuz. Consultado el 31 de octubre de 2017. http://www.qobuz.com/gb-en/discover

- Spotify. Consultado el 31 de octubre de 2017. https://www.spotify.com/es/

- Tradedoubler. Consultado el 31 de octubre de 2017. http://www.tradedoubler.com/es/

- Vacher, Martin. 2014. *Spotify Acquires The Echo Nest*. 6 de marzo. Consultado el 31 de octubre de 2017. https://news.spotify.com/se/2014/03/06/spotify-acquires-the-echo-nest/

50MINUTOS.es

Historia

Economía y empresa

Coaching

Book Review

Salud y bienestar

Arte y literatura

¡APRENDER NUNCA ANTES FUE TAN RÁPIDO!

www.50minutos.es

© 50Minutos.es, 2017. Todos los derechos reservados.

www.50Minutos.es

ISBN ebook: 9782806299710

ISBN papel: 9782806299727

Depósito legal: D/2017/12603/396

Libro realizado por Primento, *el socio digital de los editores*